AF313064

LE LIVRE
DU PROPRIÉTAIRE,

DU

Locataire et du Portier,

POUR 1854.

—

PRIX : 40 CENTIMES.

—

A PARIS,

CHEZ L'AUTEUR,
Rue Tivoli, 25.

——

1854

Tout contrefacteur sera poursuivi.

CALE[NDRIER] JOUR[NALIER] 1854.

JANVIER.		FÉVRIER.	
1 D.	CIRCONCISION.	1 m.	S. Ignace.
2 l.	S. Basile.	2 j.	PURIFICAT.
3 m.	Ste Geneviève.	3 v.	S. Blaise.
4 m.	S. Rigobert.	4 s.	S. Gilbert.
5 j.	Ste Amélie.	5 D.	Ste Agathe.
6 v.	ÉPIPHANIE.	6 l.	S. Vaast.
7 s.	Noces.	7 m.	S. Romuald.
8 D.	S. Lucien.	8 m.	S. Jean de M.
9 l.	S. Pierre, év.	9 j.	Ste Apolline.
10 m.	S. Paul, erm.	10 v.	Ste Scholastiq.
11 m.	S. Théodore.	11 s.	S. Séverin.
12 j.	S. Arcade, m.	12 D.	*Septuagésime.*
13 v.	Bapt. de J.-C.	13 l.	S. Lézin.
14 s.	S. Hilaire.	14 m.	S. Valentin.
15 D.	S. Maur, abbé.	15 m.	S. Faust.
16 l.	S. Guillaume.	16 j.	Ste Julienne.
17 m.	S. Antoine.	17 v.	S. Théodule.
18 m.	Ch. S. P. à R.	18 s.	S. Siméon.
19 j.	S. Sulpice.	19 D.	*Sexagésime.*
20 v.	S. Sébastien.	20 l.	S. Eucher.
21 s.	Ste Agnès, V.	21 m.	S. Pépin.
22 D.	S. Vincent.	22 m.	Ste Isabelle.
23 l.	S. Ildefonse.	23 j.	S. Mérau V. J.
24 m.	S. Babylas.	24 v.	S. Mathias.
25 m.	Conv. S. Paul.	25 s.	S. Césaire.
26 j.	Ste Paule.	26 D.	*Quinquagés.*
27 v.	S. Julien.	27 l.	Ste Honorine.
28 s.	S. Charlem.	28 m.	Mardi-Gras.
29 D.	S. Fr. de Sale.		
30 l.	Ste Bathilde		
31 m.	Ste Marcelle.		

Le 6, P. Q. Le 13.   Le 4, P. Q. Le 13.
Pl. L. Le 22, D. Q.   P. L. Le 20 D. Q. Le
Le 28, N. L.   27 N. L.

MARS.		AVRIL.	
1 m.	CENDRES.	1 s.	S. Hugues.
2 j.	S. Simplice.	2 D.	PASSION.
3 v.	Ste Cunégonde.	3 l.	S. Richard.
4 s.	S. Casimir.	4 m.	S. Isidore.
5 D.	*Quadragésime*	5 m.	S. Ambroise.
6 l.	Ste Colette.	6 j.	Ste Prudence.
7 m.	Ste Perpétue.	7 v.	S. Clotaire.
8 m.	Quatre-Temps.	8 s.	S. Edèze.
9 j.	Ste Françoise.	9 D.	RAMEAUX.
10 v.	S. Blanchard.	10 l.	S. Fulbert.
11 s.	S. Euloge.	11 m.	Ste Godebert.
12 D.	REMINISCERE.	12 m.	S. Jules.
13 l.	Ste Euphrasie.	13 j.	S. Marcellin.
14 m.	S. Lubin.	14 v.	*Vend. saint.*
15 m.	S. Zacharie.	15 s.	S Paterne.
16 j.	S. Cyriaque.	16 D.	PAQUES.
17 v.	Ste Gertrude.	17 l.	S. Anicet.
18 s.	S. Alexandre.	18 m.	S. Parfait.
19 D.	*Oculi.*	19 m.	S. Léon, pape.
20 l.	S. Joachim.	20 j.	S. Théotime
21 m.	S. Benoit.	21 v.	S. Anselme.
22 m.	S. Epaphre.	22 s.	Ste Opportune.
23 j.	S. Victorien.	23 D.	QUASIMODO.
24 v.	S. Simon, m.	24 l.	S. Léger.
25 s.	ANNONCIATION	25 m.	S. Marc, abs.
26 D.	*Lœtare.*	26 m.	S. Clet.
27 l.	S. Rupert.	27 j.	S. Polycarpe.
28 m.	S. Gontran.	28 v.	S. Vital.
26 m.	S. Frisque.	29 s.	S. Robert.
30 j.	S. Rieul.	30 D.	S. Eutrope.
31 v.	Ste Balbine.		

Le 6, P. Q. Le 14, P. L. Le 21, D. Q. Le 28, N. L.

Le 5, P. Q. Le 13, Pl. L. Le 20, D. Q. Le 27, N. L.

MAI.		JUIN.	
1 l.	S. Jacq.-S.-P.	1 j.	S. Pamphile.
2 m.	S. Athanase.	2 v.	S. Pothin.
3 m.	Inv. Ste Croix.	3 s.	Vig. et Jeûne.
4 j.	Ste Monique.	4 D.	PENTECOTE.
5 v.	C. S. August.	5 l.	S. Boniface.
6 s.	S. Jean-P.-L.	6 m.	S. Claude.
7 D.	S. Stanislas.	7 m.	Quatre-Temps.
8 l.	S. Désiré.	8 j.	S. Médard.
9 m.	Tr. S. Nicaise.	9 v.	Ste Pélagie.
10 m.	S. Gordien.	10 s.	S. Landri.
11 j.	S. Mamert.	11 D.	TRINITÉ.
12 v.	S. Pancrace.	12 l.	Ste Olympe.
13 s.	S. Servais.	13 m.	S. Ant. de Pad.
14 D.	S. Pacôme.	14 m.	S. Rufin.
15 l.	S. Isidore.	15 j.	FÊTE-DIEU.
16 m.	S. Honoré.	16 v.	S. Fargeau.
17 m.	S. Pascal.	17 s.	S. Avit.
18 j.	S. Venance.	18 D.	Ste Marine.
19 v.	S. Yves.	19 l.	S. Gerv. S. P.
20 s.	S. Bernardin.	20 m.	S. Sylvère.
21 D.	S. Hospice.	21 m.	S. Leufroi.
22 l.	*Rogations.*	22 j.	Oc. FÊTE-DIEU
23 m.	S. Didier.	23 v.	Vig. et Jeûne.
24 m.	S. Donatien.	24 s.	Nat. S. J.-Bapt.
25 j.	ASCENSION.	25 D.	S. Prosper.
26 v.	S. Quadrat.	26 l.	S. Babolein.
27 s.	S. Hildevert.	27 m.	S. Crescent.
28 D.	Oct. ASCENSION	28 m.	S. Irénée.
29 l.	S. Maximinien.	29 j.	S. Pierre S. P.
30 m.	S. Félix.	30 v.	Com. S. Paul.
31 m.	Ste Pétronille.		

Le 5, P. Q. Le 12, P. L. Le 19, D. Q. Le 26, N. L.

Le 4, P. Q. Le 10, P. L. Le 17, D. Q. Le 25, N. L.

JUILLET.			AOUT.	
1	s.	Ste Eléonore.	1	m.	Ste Sophie.
2	D.	Visit. de N.-D.	2	m.	S. Etienne.
3	l.	S. Thierry.	3	j.	In. S. Etienne.
4	m.	Tr. S. Martin.	4	v.	S. Dominique.
5	m.	Ste Zoé, M.	5	s.	S. Yon.
6	j.	S. Tranquille.	6	D.	Trans. de J.-C.
7	v.	Ste Aubierge.	7	l.	S. Gaetan.
8	s.	S. Procope.	8	m.	S. Justin.
9	D.	S. Cyrille.	9	m.	S. Amour.
10	l.	Ste Félicie.	10	j.	S. Laurent.
11	m.	Tr. S. Benoît.	11	v.	Ste Suzanne.
12	m.	S. Gualbert.	12	s.	Ste Claire.
13	j.	S. Eugène.	13	D.	S. Hippolyte.
14	v.	S. Bonaventure	14	l.	S. Guerf V. J.
15	s.	S. Henri.	15	m.	ASSOMPTION.
16	D.	S. Eustate.	16	m.	S. Roch.
17	l.	S. Alexis.	17	j.	S. Mammès.
18	m.	S. Thomas d'A.	18	v.	Ste Hélène.
19	m.	S. Vincent de P.	19	s.	S. Louis, évêq.
20	j.	Ste Marguerite	20	D.	S. Bernard.
21	v.	S. Victor.	21	l.	S. Privat.
22	s.	Ste Magdelaine	22	m.	S. Symphorien
23	D.	S. Apollinaire.	23	m.	S. Sidoine.
24	l.	Jours canicul.	24	j.	S. Barthélemy.
25	m.	S. Jacq. le M.	25	v.	S. Louis, roi.
26	m.	Tr. S. Marcel.	26	s.	Fin des J. C.
27	j.	S. Pantaléon.	27	D.	S. Césaire.
28	v.	Ste Anne.	28	l.	S. Augustin.
29	s.	Ste Marthe.	29	m.	S. Médéric.
30	D.	S. Abdon.	30	m.	S. Fiacre.
31	l.	S. Germ. l'A.	31	j.	S. Ovide.

Le 3, P. Q. Le 10, P. L. Le 17, D. Q. Le L., N 22

Le 1, P. Q. Le 8, P. L. Le 15, D. Q. Le 23, N. L. Le 31 Q., P.

SEPTEMBRE.		OCTOBRE.	
1 v.	S. Leu, S. Gil.	1 D.	S. Remy.
2 s.	S. Lazare.	2 l.	SS. Anges G.
3 D.	S. Grégoire.	3 m.	S. Cyprien.
4 l.	Ste Rosalie.	4 m.	S. Franç. d'As.
5 m.	S. Bertin.	5 j.	Ste Auré, V.
6 m.	S. Onésiphore.	6 v.	S. Bruno.
7 j.	S. Cloud.	7 s.	S. Serge.
8 v.	Nat. de N.-D.	8 D.	Ste Brigitte.
9 s.	S. Omer.	9 l.	S. Denis.
10 D.	Ste Pulchérie.	10 m.	S. Paulin
11 l.	S. Hyacinthe.	11 m.	S. Gomer.
12 m.	S. Raphaël.	12 j.	S. Vilfrid.
13 m.	S. Maurille.	13 v.	S. Gérand.
14 j.	Ex. Ste Croix.	14 s.	S. Calixte.
15 v.	S. Nicomède.	15 D.	Ste Thérèse.
16 s.	Ste Eugénie.	16 l.	S. Gal, abbé.
17 D.	S. Lambert.	17 m.	S. Cerbonet.
18 l.	S. Jean Chrys.	18 m.	S. Luc, évang.
19 m.	S. Janvier.	19 j.	S. Savinien.
20 m.	Quatre-Temps.	20 v.	S. Caprals.
21 j.	S. Mathieu.	21 s.	Ste Ursule.
22 v.	S. Maurice.	22 D.	S. Mellon.
23 s.	Ste Thècle.	23 l.	S. Hilarion.
24 D.	S. Andoche.	24 m.	S. Magloire.
25 l.	S. Firmin.	25 m.	S. Crépin. S. C
26 m.	Ste Justine.	26 j.	S. Rustique.
27 m.	S. Côme, S. D.	27 v.	S. Frumence.
28 j.	S. Céran.	28 s.	S. Simon. S. J.
29 v.	S. Michel, A.	29 D.	S. Faron.
30 s.	S. Jérôme.	30 l.	S. Lucain.
		31 m.	Vigile et Jeûne.

Le 6, P. L. Le 14, D. Q. Le 22, N. L. Le 29, P. Q.

Le 6, P. L. Le 14, D. Q. Le 21, N. L. Le 28, P. Q.

NOVEMBRE.			DÉCEMBRE.	
1	m.	TOUSSAINT.	1 v.	S. Éloi.
2	j.	*Trépassés.*	2 s.	S. Fr.-Xavier.
3	v.	S. Marcel.	3 D.	AVENT.
4	s.	S. Charles.	4 l.	Ste Barbe.
5	D.	S. Zacharie.	5 m.	S. Sabas.
6	l.	S. Léonard.	6 m.	S. Nicolas.
7	m.	S. Florent.	7 j.	Ste Fare.
8	m.	Stes Reliques.	8 v.	CONCEP. N.-D.
9	j.	S. Mathurin.	9 s.	Ste Gorgonie.
10	v.	S. Juste.	10 D.	Ste Valère.
11	s.	S. Martin.	11 l.	S. Daniel.
12	D.	S. René.	12 m.	S. Valeri.
13	l.	S. Brice.	13 m.	Ste Luce.
14	m.	S. Bertrand.	14 j.	S. Nicaise.
15	m.	S. Eugène.	15 v.	S. Mesmin.
16	j.	S. Edme.	16 s.	Ste Adelaïde.
17	v.	S. Agnan.	17 D.	Ste Olympiade.
18	s.	Ste Aude.	18 l.	S. Gatien.
19	D.	Ste Elisabeth.	19 m.	S. Thimothée.
20	l.	S. Edmond.	20 m.	Quatre-Temps.
21	m.	Présent N.-D.	21 j.	S. Thomas.
22	m.	Ste Cécile.	22 v.	S. Honorat.
23	j.	S. Clément.	23 s.	Vigile et jeûne.
24	v.	S. Severin.	24 D.	Ste Delphine.
25	s.	Ste Catherine.	25 l.	NOEL.
26	D.	Ste Geneviève.	26 m.	S. Etienne.
27	l.	S. Maxime.	27 m.	S. Jean, év.
28	m.	S. Sosthène.	28 j.	SS. Innocents.
29	m.	S. Saturnin.	29 v.	S. Trophime.
30	j.	S. André.	30 s.	S. Sabin.
			31 D.	S. Sylvestre.

Le 4, P. L. Le 12, D. Q. Le 20, N. L. Le 27, P. Q.

Le 4, P. L. Le 12, D. Q. Le 19, N. L. Le 26, P. Q.

LE PROPRIÉTAIRE.

—

Si vous êtes propriétaire
Il n'est pas de votre ihtérêt
De poursuivre le locataire,
Lorsque son terme n'est pas prêt.

Le propriétaire a des droits à exercer et des devoirs à remplir.

En toute circonstance et en tout temps, il conserve le droit de surveiller par lui-même ou par un agent, la bonne tenue de sa propriété.

Son agent naturel, son bras droit en quelque sorte, est le portier.

La surveillance de ce dernier, parlant et agissant au nom du propriétaire, doit s'exercer avec prudence et réserve.

Plus le propriétaire et son agent montreront d'égards aux locataires, qu'ils soient riches ou pauvres, plus la maison sera recherchée, plus elle sera en bonne réputation dans le quartier ; si, au contraire, cette surveillance est dure et indiscrète, on fuira la maison, on en médira, et les appartements resteront vacants, au grand préjudice du propriétaire qui, pour deux motifs graves, doit tenir à avoir toujours autant de locataires que la maison peut en recevoir ; d'abord, parce que les appartements inoccupés ne rapportent rien, ensuite parce qu'ils se détériorent promptement, quand ils ne sont pas habités et qu'ils sont privés d'air et de lumière ; les papiers se détachent, les peintures se fanent et les plafonds se crevassent. La présence du propriétaire devrait être plus désirée que redoutée ; c'est ce qui arrive quand il est bon et indulgent, qu'il prête patiemment l'oreille aux réclamations, même à celles qui ne sont pas fondées, et qu'il va au-devant de tous les désirs légitimes et poliment exprimés.

Beaucoup de propriétaires ne savent parler qu'en maîtres et n'inspirent que l'effroi à leurs locataires,

cela nuit toujours à leur véritable
intérêt. On tient moins à leur être
agréable et on prend un soin moins
minutieux des objets qu'ils sont souvent dans la nécessité de confier à la
bonne foi de leurs clients. Le propriétaire est surtout redouté quand les
termes arrivent. Souvent le portier ne
les réclame au nom de son patron,
que la menace ou l'ironie sur les lè-
vres. Un peu de patience et de dou-
ceur envers les retardataires, ne peut
compromettre beaucoup ni la position
du propriétaire, ni la valeur de ses
appartements ; la rigueur, au contraire, détruit l'harmonie toujours si
nécessaire et gâte tous les intérêts. Il
y a sans doute des locataires qui las-
sent la patience des propriétaires les
mieux intentionnés ; mais il y en a
aussi qui sont dignes d'indulgence à
tous égards et qui ne manquent pas
de reconnaître les bons procédés dont
on use envers eux, en redoublant
d'efforts pour remplir le plus tôt pos-
sible les engagements qu'ils ont con-

tractés et qu'ils doivent regarder comme sacrés.

En un mot les bons propriétaires font ordinairement les bons locataires; les premiers sont ordinairement la boussole sur laquelle les autres règlent leur conduite.

Il y a des propriétaires imprudents et curieux qui se rendent fatigants par les visites multipliées qu'ils font à leurs locataires, sous les prétextes les plus spécieux. Ils ont le double tort de se rendre importuns sans aucun avantage pour eux-mêmes, et d'oublier qu'à la rigueur ils n'ont pas même le droit d'entrer dans un appartement loué. D'autres chargent les portiers de les suppléer dans ces visites, au moins inconvenantes, ce qui est encore plus blâmable. L'intérieur de la famille doit être muré même pour le propriétaire et le portier.)

LE LOCATAIRE.

Préparez toujours votre terme
Pour que quand l'heure sonnera,
Vous puissiez parler haut et ferme
Au portier qui réclamera.

Le premier devoir du locataire est
de respecter la distribution de l'appartement qui lui est loué, d'y entretenir
une grande propreté et de n'y com-
mettre aucune dégradation par insou-
ciance et surtout par malveillance.

Le second, c'est de penser souvent
à son terme : cette pensée lui rappel-
lera ses obligations et le tiendra sur
ses gardes pour le moment décisif.

Que deviendrait un propriétaire si
tous les termes ne lui étaient pas,
sauf quelques cas rares, exactement
payés. Comment subviendrait-il aux
dépenses occasionnées par les contri-
butions, les réparations, les honoraires du portier, de l'homme d'affaire

et par les cas imprévus. Souvent le locataire s'endort dans une fausse sécurité, et se voit surpris par le terme. Le propriétaire, se dit-il à lui-même, n'a rien à craindre du retard que j'apporte dans le paiement de mon terme; mon mobilier est là. Mais ce mobilier a souvent peu de valeur, presque toujours moins que le locataire lui en croit, et d'ailleurs n'est-ce pas de toutes les extrémités la plus fâcheuse pour un propriétaire que d'en venir à faire vendre le mobilier du retardataire? Cette excessive rigueur amène des discussions violentes qui nuisent également aux deux partis par les propos qu'elle occasionnent et qui, passant de bouche en bouche, remplissent bientôt tout le quartier. Quel citoyen viendra s'adresser à un propriétaire assez dur pour faire vendre le mobilier d'un malheureux locataire à qui quelques mois, quelques semaines peut-être, suffiraient pour sortir d'embarras ; et quel propriétaire pourra recevoir dans sa maison un locataire récalcitrant qui le force à recourir à de pareils moyens ?

Que chacun, comme on dit vulgairement, *y mette un peu du sien*, seul moyen de faire régner la paix, et de sauvegarder tous les intérêts. Les égards, les bons procédés de part et d'autres éloigneront les conflits, et rendront tous les devoirs plus faciles à remplir.

LE PORTIER.

Si tu veux recevoir la bûche
Et le denier du nouvel an,
Que jamais ton pied ne trébuche
En ouvrant la porte au cancan.

Le portier n'est pas un domestique, comme beaucoup de locataires le pensent : c'est la sentinelle avancée de la propriété bâtie, c'est un homme d'affaire au petit pied. Son œil est l'œil du propriétaire, et s'il n'a pas tous les droits de ce dernier, il en a tous les devoirs.

C'est assez dire qu'il doit être poli et discret.

Les fonctions du portier, qui nous le répétons, n'est pas un homme à gages comme un valet, mais un homme de confiance, exigent bien d'autres qualités qu'on ne rencontre pas toujours chez les personnes qui en sont chargées. Ces fonctions existaient déjà chez les Grecs et les Romains. Chez ces derniers, le portier s'appelait *janitor*; il jouissait de tous les droits de citoyen, tandis que tous les autres serviteurs étaient esclaves. Sous Auguste, Rome avait quatre millions d'habitants; il y avait cinquante mille *janitores*; aujourd'hui, il n'y en a pas mille. On en compte à peine dix mille à Paris, il y en a plus de vingt mille à Londres. Dans les provinces, un portier est un luxe, une superfluité; dans les capitales, c'est une nécessité. Les portiers peuvent être pour la police patente d'utiles auxiliaires.

En général, les portiers ne sont pas convenablement rétribués; à peine, avec leurs honoraires et ce qu'ils appellent *leurs profits*, peuvent-ils vivre honorablement. Leur logement est presque toujours humide, incommode et trop étroit. C'est encore là un défaut de tact des propriétaires : ils ne veulent pas comprendre que les premières impressions laissent toujours les traces les plus profoudes. Quand on entre, pour la première fois, dans une maison et qu'on y trouve tout d'abord une loge en désordre, sale et étroite, à peine suffisante pour une personne et cependant destinée à toute une famille, le cœur se resserre, le dégoût s'empare de l'âme, on ne se sent pas le courage d'aller plus loin.

Il en est de même quand on trouve un portier revêche, impoli et mal vêtu ; on se retire bien vite avec la pensée de ne jamais habiter une pareille maison.

Quand au contraire le logement du portier est suffisamment étendu, proprement tenu, bien éclairé, et que le portier se montre prévenant et empressé à nous répondre ; on est déjà vaincu par cette première apparence, et on augure bien du reste de la maison et de son propriétaire. Sa politesse et ses prévenances envers les locataires sont aussi une source de nombreux profits qu'un portier habile ne manque pas d'exploiter, sans pour cela, oublier jamais son caractère et sa dignité d'homme !

Le dernier adieu, l'entretien de l'escalier et de la cour, le cadeau du nouvel an et de Pâques, la rentrée après minuit, toutes choses connues et observées de temps immémorial, dépendent beaucoup de la manière d'agir du portier. S'il comprend bien ses véritables intérêts, il sera donc toujours poli. Il sera surtout discret et c'est ici le revers de la médaille.

Le portier, ou plutôt la portière, car c'est la portière qui tient presque toujours le sceptre du cancan, tous deux enfin veulent souvent à toute force savoir :

D'où vient le locataire ;

Quels sont ses revenus,

De quoi il s'occupe,

S'il a ou s'il n'a pas des dettes,

Chez qui il va et qui il reçoit,

De qui il reçoit des lettres et à qui il écrit,

Si madame a des dentelles et des diamants,

Si monsieur doit à son tailleur ou à son bottier,

Si les gages de la servante sont régulièrement payés,

Si la bonne harmonie règne dans le ménage,

Et une foule d'autres choses qui alimentent le cancan, et qu'on ne parvient à découvrir qu'en attirant les bonnes dans la loge et, comme on dit, en leur tirant les verres du nez.

Puis, quand on croit tout savoir, on cancane, on recancane, et on fait dans le quartier la réputation de chaque locataire, suivant qu'il se montre plus ou moins généreux à l'endroit du portier,

Et le locataire souvent timide laisse

aller les langues; permet qu'on lui fasse, de par la portière, un renom qu'il ne mérite pas, sans vouloir, par indifférence ou par crainte, porter sa plainte au propriétaire ou à la police qui d'un mot, pourraient paralyser les langues indiscrètes.

Ce n'est pas là seulement de la pusillanimité de la part du locataire, c'est de la lâcheté.

Voilà ce qui rend trop souvent les portiers détestables. Ils oublient malheureusement dans une foule de circonstances qu'ils sont les hommes de confiance et non les espions des propriétaires, qu'ils doivent respecter et ne jamais chercher à surprendre les secrets des locataires, et que le plus vil métier, celui qui dégrade le plus l'homme, est celui de médisant et de calomniateur.

Certains portiers poussent jusqu'à l'audace l'usage du cancan dont leur loge est le sanctuaire; c'est là que se tient ce monstre couvert d'yeux toujours ouverts et d'oreilles toujours attentives ; c'est là qu'il dicté ses arrêts au milieu de ses sujets en cotillons, dont le balai et le torchon sont les armes redoutables. Locataires, renversez du pied le trône de ce stupide tyran ; crevez les yeux du monstre et coupez-lui les oreilles ; et quand il ne pourra plus ni entendre ni voir, donnez-lui pour demeure le ruisseau de la rue et pour tombe un égout !

Mais honneur au portier discret et prévenant ; qu'il soit entouré d'égards, que tous les locataires s'entendent pour lui rendre sa tâche moins pénible, que les petits services qu'il rend soient pour lui une source honorable de profits, qui lui permettent d'élever sa famille et de vivre dans une modeste aisance.

Locataire et propriétaire
N'oubliez jamais le portier ;
Puisqu'il est votre homme d'affaire,
Qu'il vive bien de son métier.
Chacun de vous serait blâmable
De lui marchander quelques sous ;
Si l'on dit : *c'est un pauvre diable*,
Cette injure s'adresse à vous.

BIBLIOTHÈQUE

DE TOUT LE MONDE.

———

Cent volumes à dix centimes.

———

Chaque volume se vend séparément,
chez l'auteur, rue Tivoli, 23.

Sèvres. — Imp. de M. Cerf.